JN410668

인동초

인동초

목창수 시집

세종출판사

시인의 말

여기 쓰인 詩는 詩의 형식을 빌려 쓴 것뿐이다

내면을 지극히 절제하여 하는 것인데 그러지 못하고

독백을 마구 쏟아낸 느낌이나

그래서 대부분 어둡고 밝은 면이 없다

앞으로 내면을 절제하여 잔잔히 흘러가는

강물 같은 詩를 쓰도록 노력해야겠다

차례

1부

2부

3부

4부

5부

1부

오후 세 시쯤

고향집 마루에 앉아
이제 가슴에 비울 것 다 비우고
저 멀리 바다 끝에다
지그시 눈을 준다

제 근심으로 갯벌은 저만큼 물러나고
사窮빛으로 말라가는 갈내꽃들
역광을 받아 슬픔을 안고 있으며
시린 바람은
허공에서 악보 없이 연주를 한다

맨몸으로 돌아간 나무들
아직 봄은 일러 눈꺼풀 닫은 채
묵언 중이며
오후 세 시쯤 햇빛은
파도 위에 노을처럼 굴러다닌다

인동초

휘파람 불던 날
세월의 지면마다
함부로 찍은 쉼표 하나가
푸른 숨을 쉬고 있었다

사악한 밤이 지나간 후
별빛 꺾어지는 무덤 속에 누워
앞모습을 지워 버린
여자 아닌 여자로서

세찬 비바람에 길을 잃고
벼랑 끝에 허물어지는 풀잎으로
끝없는 웅덩이 속으로 빠져들었다

오래도록
폐쇄된 사각지대를 벗어나지 못하여
겨울의 차고 미끄러운 햇살을 안고
깊은 계곡을 헤매며
만장 같은 눈발만 날리고

채워도 언제나 그림자뿐인 식은 사랑에
한 채의 가을바람을 끌어들여
낙엽 든 일기를 지우며
숱한 추억을 폐기하였다

미소로 일어설 수 있었던 것은
너를 가두었던 허공을 지웠기 때문

멍든 바람이 봄을 향하여 흐느끼기 시작하면
너는 인동초처럼 겨울을 타고 넘을 것이다

바다와 맞닿은 집

맨발의 별빛이
거친 아름다움을
마당 가득 풀어놓은 곳
천국으로 이어지는 아슬한 길은
풀꽃천지

하루를 밀어내는 물레방아는
세월을 묻으며 힘차게 돌아가며

유랑 악단 같은
돛 없는 구름도 빈 배를 저어
남으로 남으로 간다

실오라기 하나 걸치지 않은 바다는
여명을 밀어낸 아침이 열리면
금빛 쟁반보다 더
찬란하게 일어서서
점점의 섬을 깨우며

발 묶인 바람이
일상을 잊어버린 파도와
게으른 휴식을 즐기고

추녀 끝 하늘에 맞닿은 집은
밤마다 달이 찾아와 추억을 쌓으며
아이들은 저보다 더 푸른 풍경을
낚아 올리고 있나

베란다 정원

낮달의 발자국을 잠재워 둔 정원에
바람 소리, 물소리, 풀벌레 울음소리
햇볕에 유난히 빛나고
창공을 떠도는 비둘기의 웃음소리도
나뭇가지에 걸려 그네를 탄다

지평선 넘어
철새 몇 마리 서쪽으로 기울고
강을 흔드는
서걱거리는 갈대
꽃송이 수만 송이 피워
나의 정원에 보랏빛 융단을 깔다가
물안개로 사라지기도 한다

베란다에 자리 잡은 정원은
오늘도
하루의 고독을 말갛게 씻어
창가에 걸어놓고
늘어진 햇살에 단장하고
만산홍엽에
물들어가는 가을 산 닮아간다

2월의 서포 포구에서

돌아온 사람보다 떠나간 사람들
더 오래 기억되는 곳
그 포구에는
가파름만으로 한 생애가 된
배 서너 척 흐릿한 햇살을 당기며
바람의 굿판을 벌이고

이별을 상속 받은 갈매기 두어 마리
낡은 선창에서 졸며
즐겨 온 여수旅愁는 동백꽃 속에서
붉은 뱃고동 소리로 피어서 운다

주인 없는 사진관 모퉁이에는
지난겨울 마른 풀잎들이
죽어 있는 것들의 모든 영혼을 보여 주고

갯벌 위의 하현달은
하늘 끝에 걸려 우두커니 서 있으며
포기기 쓰다 남은 질망은 허공에 발 딛고 오는
젖은 눈발에 몸을 허락하고 있다

무제

지금껏 이 말言들
쓸 수 없었던 건
유장한 언어의 혼이 아니다

무수한 별들이 폭발하고 있다

그러나
나는 초라했다. 다가갈 수 없는 것에
아니, 속수무책으로 전전긍긍
담금질만 하는 부끄러움에

네가 있기 때문에 있었다

그러나 끝내 이 말은
가 닿기도 전에 얼굴을 붉히리라

이 생각의 불불불
흘러가던 붉은 구름 한 점처럼
저녁 빌딩 유리창에 걸려
있었다, 차갑게 깨어지면서

바람이 무수한 냉이꽃과 제비꽃을 흔들었으나
봄 언덕은 천천히 허물어졌다

퍼즐을 맞추는
언어의 유희라면 차라리
차라리 고백했으리라

부끄러움 한 점 없는

한림공원 수석 전시장을 빛내는
마음 비운 수령 오백 년 팽나무
천년을 다듬은 수석보다 더 당당히
황금빛 피리로 청음을 내고 있다

청아한 소리는 솔바람 같기도 하고
가을을 흔드는 갈대가 살을 불리는 소리 같기도 하며
그 푸른 영혼 강물처럼 흘러
천만 년 돌 위에 고요히 내리고 있다

별빛 수놓아 은빛 날개 너울거리며
오백 년 세월 묻을 때까지
달려오는 빛을 향해 손을 뻗었으나
하늘이나 땅 한 점 탐한 적 없다

성황당 당산목으로
길손의 아픈 가슴을 받아
슬픔의 그림자도 속으로 삭혔다

채우려 드는 속절없는 생
봉분으로 태어나 이승을 먹지만
마음 비운 팽나무 적멸에 들어서도
고고한 푸른빛을 뿌리며
달빛 아래 옥소리만 굴리고 있다

폐선

집어등 저무는
푸른 길은 바다의 전설이 되었다

핏발 선 만선
깃발 펄럭이며
새벽 부두를 일으켜 세우는 뱃고동
날 선 물살 다독거린다

수평선을 건너와
파도가 생을 지워도
만선의 꿈 접지 못해
모로 누운 파도 소리
옹이 박힌 가슴을 때린다

글썽이는
안개 자욱한 포구
꽃 지는 자리 아득하다

귀향

호미곶 그곳에 가면
물 능선 넘어 귀무덤 속의 영혼들
목련꽃으로 바다 위에 지천으로 피어나
휘날리는 백마의 갈퀴를 따라
뭍으로 달리고 있다

천상낙원

해가 수직으로 서 있는
여름 한낮
초등학교 입구를 지나 우회전하면
천상낙원 표지판이 환하게 웃는다

빛으로 방금 깨어난 푸른 영혼들이
대문 활짝 열어 비질해 놓고,
풍경 소리에 탐욕을 씻어내는 산사에서
극락 길 찾지 말고 녹슨 무릎 절고서라도
이곳에 오시면 모든 고통은 하관下官 되어
영락을 누리신답니다

이승에 매인 끈을 풀고
선線을 넘으면
독약 같은 사랑도 문을 닫아 한 줌의 재로 남으니
머리 쳐든 생生만큼 피에 점화된 불꽃이나
머리 숙인 생生만큼 진흙 속의 굶주림이 없는
같은 높이로 걸으면서
영생을 누리신답니다

풀잎처럼 여린 사람들
허공 속 길을 따라 연꽃처럼 웃고 오면
천상화로 다시 피어난답니다

공空

하늘의 울음이 바람 길을 지우면
아스팔트는 물의 문장을 쓰고
우산은 그대 쪽으로 기운다

늙은 낙타는 고독을 밀어내어
사막의 정적을 걷어 내며
불임의 허공이 비의 질서를 흔들면
노숙하던 구름은 빌딩 숲을 점령하고

잘린 추억은 유년을 차용한다
아이들아 비 오는 날은 밀을 볶아야지
어머니의 목소리도 젖어 있었다

오늘은 밤의 끝을 잡고
동백꽃에 푸른 엽서를 써야지

비는 꺾이지 않으려고 마른 생을 펼치며
낮을 세차게 흔들다
기억을 서서히 지우고
제 소리를 조용히 땅에 묻는다

이 밤 나의 사랑아
어디쯤에서 낫 같은 달을 안고
헝클어진 세월을 쓰다듬으며
가랑잎 흘러가는 거리를 홀로 걷느냐
거친 매력 없는 저 외로움은
관중 없는 무대에서 공空을 노래하는가

모두 꿈이있다는 걸
버려라 벗어라 훨훨

푸른 언덕의 메아리

거울 속의 여인
차라리 피지나 말지
꽃 피어 더욱 서러운 여자
눈으로 웃고
마음으로 울고 있구나
세월의 모퉁이에서 시린 발목 잡으며

이젠 너를
너 없는 어둠 속에
가두어 둘 순 없어
잘게 부서지는 파도 소리로
둥근 밥상 가에서 웃으며
봄을 밝히는 저 순결한 목련처럼
풋내 싱그러운 라일락 향기처럼
일어나라

맑은 영혼의 솔기로
긴 터널을 지우고
그 옛날 푸르름을 불러보자

집으로 가는 길

가을볕이 익어가는 오후
길을 지우며 집으로 간다
전철역 앞에서 흐린 삶을 파는
할머니 눈물 한 잔 받아 마시고
바람이 디딜 곳 마땅치 않아
맨살로 흔드는 텅 빈 거리에서
아픈 노래가사에 흔들려
통기타리스트의 슬픈 빈 통에
지전 한 닢을 주고
가슴을 닫아 잠자는
아파트 숲을 지나
울고 넘는 박달재를 흥얼거리며
집으로 간다
마트에 들러 하루 종일 침묵에 쌓여 있던
몇 개의 상표를 사서
지나가는 낮달의 발자국을 따라
내 노트의 검은 페이지 한 줄을 지우고
허공이 버린 낙엽을 밟으며
걸어 걸어서……, 집으로 간다

2부

우리들은 흘러가는 것이다

쌓아온 길, 수만 갈래
하나둘 썰물처럼 무너져
서쪽으로 기울면
늙은 풀벌레 소리는
더욱더 야위어지고
저물녘을 나는 새의 날갯짓도
허공을 털며 땅으로 낮아진다

아침 이슬 스러지듯
우리 강 하구까지 왔으니
바다에 묻히는
가슴 아픈 사연을 나누며
마음 열어 함께 젖어 보자

몸 뉘이면서
가시 넝쿨처럼 엉킨 인연 버리고
어렵게 걸어온 길 재가 되니
흘러가는 물결에 뼈를 뿌리며
우리의 무거움을 받아들이자
모든 것은 흘러가는 것이다

무화과

봄은 저리 분주한데
가지 끝 식은 사랑 한 점뿐
묘비처럼 뼈아픈 추억 안고
땅 위의 노래는 무덤으로 솟아난다

꽃을 열지 못해
고통의 구겨진 웃음도
불임으로 엉킨 햇빛의 무게를
털어 낼 수 없어
동거하는 너를 멀리하였으니

생 한 번 열지 못한 죄로
골고다 언덕을 넘어
적막과 고요만이 살아 숨쉬는
사막의 주름까지 겹으로 덮는다

거칠게 흐르는 별 아래
이 도시의 더러운 숲에서
음지를 베고 누워
천년 세월 흘린 눈물

허물어지는 노을과
절망에 익숙해지며
오늘도 한 마리 갑충甲蟲으로
고독을 질기게 빨아 널고 있다

사랑

그대의 몸속에 소리 없이 흐르는
핏줄기는, 허기진 삶의
상표 없는 빈혈제입니다

그대의 추운 날 칼바람 막아주는 외투는
겨울을 포근히 감싸는
햇살 같은 그리움입니다

마음의 가난을 모르는 사람은
영혼이 다한 시든 꽃입니다

그대의 마음이 허기지고 추운 것은
영혼이 죽지 않고 살아 있기 때문이며
살아 있음으로 따뜻한 가슴이
그리운 것입니다

흐르는 모든 것을 민감하게 느끼며
소리 없이 향기로 가슴 적시는 당신은
사랑입니다

억새꽃 사랑

시린 하늘가 흔들거리며
외로움에 떨고 있는 억새

지난겨울의 아픔 숨기고
하얀 꽃 눈물로 피어나

기다림으로 애태우며
숨겨 놓은 사랑이야기

숨기기 어려워
하늘 향해 흔들어 대는 손짓은

너만을 향한 나의 사랑이야
너만을 그리워하는

밤

오늘도 어제
내일도 오늘이겠지
밋밋한 하루의 마른 의식 속의
밤
무게를 깔고 동행한다

스멀스멀 벽을 타고 내리는 침묵

질식한 듯 숨어 있던 낮의 정오
빗속에서
흔적 없이 사라져
뜨거움은 이미
희미한 혈관 속으로 곤두박질친다

비탈길의 빈집은
운명으로 쓰러지는 세포들의 비명
위벽에 퍼지는 알약 몇 개의 전율은
사랑을 잃은 육신의 위안이라도 될까?

또
나는
허기진 도둑이 되어
낯선 실험실의 엎질러진 물통에
머리를 박고
미친 듯이 산소만 주워 먹는다

회색지대

초라한 언덕에 몸을 기대어
어둠의 시간을 먹고 서 있는
데스마스크들
걸어온 길을 검붉은 태양이 지우고 있다

어깨는 내려앉고 바람이 세차게 흔들어도
불안한 침묵만 지킬 뿐
아버지가 옭아맨 거미줄은
슬레이트 지붕의 하느님

하늘에서 그렇게 많은 별빛이 달려왔는데
푸르던 가족사는 썰물처럼 해체되고
말이 말을 썰어 심은 벽들은
한 폭의 곰팡이 액자
회색빛의 죽음을 재촉하는 꽃송이들도
사랑을 해체한다

갈 곳 없이 떠돌던 물음표는
밤바람의 발자국에 지워지고
천년의 세월 구름을 베고 누웠던

텅 빈 집들은
과거를 잡고 선 색 바랜 한 장의 엽서
폐가는 저승으로 가는 상여처럼 자유롭다

쌓이는 침묵

눈발 속에 하얀빛이 가득해서
그림자 흐려지고
찬란한 고독만이 어둠을 휘감으며 허공을 흔든다

눈雪은 한낮의 아우성을 밀어내고
가지마다 걸린 겨울의 자국을
젖은 손으로 긁어서
말言을 삼킨 영혼의 발자국 위에 관棺을 얹는다

하얀 외로움은 창백한 들판을 쓰다듬으며
초가지붕은 깊은 침묵을 안고 점점 더 희미해지며

등 굽고 낡은 달은
저 고요를 위해 무게까지 내려놓고
자리를 비운 지 오래

세상의 모든 소리들은 문을 닫았지만
내리는 눈雪은 문을 열어
가난한 이웃의 허기를 채우려고
시간을 허물며 쌓고 또 쌓인다

춘란

– 생이 뒤집힌 자화

돌산에서 흑인 여인을 만났다
수줍게 고개 숙인 동그스름한 얼굴
립스틱 짙게 바른 도톰한 입술
바람과 손잡고 블루스를 추며 산을 살랑살랑 흔들던

소나무 주례로 결혼식을 올렸다
진달래, 노루귀, 제비꽃, 고사리, 할미꽃, 복수초……
무명 두루마기 걸친 늙은 어새도 둥실둥실
하객만장

회색빛 숲속에 신방을 차렸다
꽃씨 하나 품으려고 숨 가빴던 물길질
실눈 뜬 봄날 올린 꽃대
푸르죽죽 멍든

검은 불빛에 생이 뒤집힌
얼굴 밖의 얼굴로 절벽 앞에 서서
꿈속 젖무덤을 더듬는다

나무를 비껴간 바람에게

떠나보낸다는 것
…어렵군요
슬프군요…
이별을 준비하는 지금
멀미가 나도록 아프군요
당신은 그냥 들어주기만 하면 됩니다
묻지도 말고 보채지도 말고
물끄러미 바라봐 주시면 됩니다
가을 한철, 소스라치게 솟는
추억의 자리마다
희한하게 낙엽을 피워내던
나무의 붉은 가장자리들
당신은 그냥 나무 그림자 뒤에서
휘이~휘이~ 쓸쓸하게 바람 소리나 내다가
마른 생채기 제빛 다해 아물 때까지
견디시기만 하면 됩니다
변덕스런 계절 살아내다
제자리로 돌아와 보면
다시 문門이 되어 있곤 하는
당신, 지금 별일 없으신가요?

적반하장賊反荷杖

상수리나무 곁에 터 잡은 등나무
덩굴로 우듬지를 잰다
땅속 힘 모아 단단해진 근육
밑동 감아 아귀 맞춰
바람에 몸 사리며 햇볕 깔고
질척거리는 길 다져가며 서서히 오른다
나무의 수액을 혀로 핥으며
경經으로만 해독할 수 있는 화두話頭처럼
세월이 쓴 초서草書로 가지를 엮는다
세상 굽어볼 수 있는 길은
한 오십 년 휘갈긴 초서를 가지마다 엮는 것
느슨한 활줄 다시 당긴다
당길수록 풍성하던 상수리나무 야위어 가니
그늘에 허리 펴던 동박새도 떠나고
밤낮없이 어둠으로 출렁이던 시간도 지워
밟고 올라선 자리 팔 벌려
서까래 여문 지붕에 활짝 핀 생을 얹는다
화두 깨우쳐 수만 송이 연보랏빛 등꽃 피워
오른 늪 속 내려다보며 환하게 웃으나
한창 등꽃이 눈부실 때에도
나비가 날아오지 않았다

자서전

새벽의 수런거림이
밤바다를 지우며 여명을 불러와
침묵의 하늘을 깨우면

파도는 잔잔하며
겨울비에 젖지 않을 것이라고
푸른 깃발을 흔들던 날도 있다

진흙길 걸어가면서
흐린 날 겹겹이 쌓여
비와 바람과 눈발이 성성하였고

팔월의 강가에서 은빛 미루나무로 휘청거리던
한낮의 꿈은 한 그루의 고사목이었으며
허공은 함박눈도 거절하였다

옛 노트를 뒤적이다 보면
투명한 길은 낡은 시간의 저편이며
빈 몸 서걱거리는 갈대로
사랑도 가고 그리움도 지워지고
무서리 내린 머리채만 흔들고 있다

노을 너머

생은 또 한 겹의 세월을 벗고
흙으로 돌아가는 건가

받침대 없이 뜨는 별은 모래성만 쌓고
시간은 조개껍데기처럼 바닷속으로 하관下官되며
터널의 끝은 보이지 않는데

햇빛이 머물다 간 자리는
어둠이 우두커니 서 있고
허공에 전세 든 가로수는 잎 떨어져
한 생을 바친 바람과 이별을 고하며
추억의 모서리들을 덜어 낸다

늙은 사람들이 시간을 끌고 가며
봄의 지평을 설계하지만
구름의 무게로 눈雪을 해체할 수 없고
고통과 함께 살아가는 것은 하나의 방법뿐인

하늘의 텅 빈 정원에 구름이
유랑 악단처럼 흘러가고
내 안의 나무 한 그루 검게 일어선다

3부

숲속 고요를 깨다

숲속 길
자벌레 한 마리
자로 잰 듯 밀며 간다
허리를 둥글게 말아 재는 폭
기껏 제 몸 길이인데
활시위를 팽팽히 당기듯 온 힘을 모아
몸을 말았다 놓이며
숲속 한낮의 석박한 고요를
외로이 밀고 가는 폼
온 세상을 쥐었다 놓았다 하는 것 같다
저렇게 작은 생生 날갯짓을 꿈꾸며
제 길을 반듯하게 놓다니

내 언제 내 길을 다듬은 적 있었는지

물살에 흘러가는 나뭇잎처럼
흔들리며 흔들리며 강물을 지우고
바다에 젖어 들 때
마른 가슴 펄럭이며
날갯짓 다부지지 못한 지난날이 얼음꽃으로 피어난다

쌓인 것들의 허상

노을은 세월을 먹고
쌓여버린 살비듬 속에서
굳어버린 기억을 애써 솎아낸다

공회전 하는 눈빛 속에는
흑백 필름이 끊어진 채
두려움도 없이 하얀 그림자를 안고
꺽-꺽 불을 삼키다가
잔뼈까지 먹어치운 시간을 타고
습지를 잃은 지렁이처럼
무거워진다

너덜거리는 언어의 숨결도
먼지 속을 헤매는 어스름 속에서
무엇에도
어느 것에도
오그라진 손끝을 내밀지 않는
별빛을 그물밭에 늘어놓았는데

가슴을 더듬는 어눌한 바람이
그물밭 사이로 떨어지고
흐린 물빛 위로는
오랜 어둠을 먹은 벽돌이
무너져 내린다

유월

늙은 팽나무
긴 그림자 위로
늦은 오후가 졸고
하현달 반쪽 이마는
강물에 젖어 있다

갈대숲을 흔드는 바람은
아름다운 노래가 되어
고요를 깨우고
아카시아 향기
세월의 무게로 산을 흔든다

황토 십리길 강변에는
물안개가 수채화로 피어나
홀로 서 있어도 눈부시다

어스름 고요
가난한 철새 울음 건져 올리며
더위를 걷어낸 밤바람은
별을 다듬는다

돌 한 점

천년 세월 흘러
산과 호수를 다듬고

천년 물길 숨쉬며
모난 얼굴을 다듬었네

호수와 산으로만 부족히여
하늘, 구름 보으고

푸른 청청 가을밤에
둥근 달도 띄웠구나

호수와 산, 하늘과 구름, 둥근 달이 있으니
너의 부족함이 없으련만

욕심은 한이 없어
일생 일석만 탐하네

철원 평야의 만추

적막, 적막……
그리고 또 적막

침묵의 행렬이 시간을 지우면
하늘의 생은 푸른 잎으로 살아서
받침대 없이 뜨는 별과
하현달 하나 키우고

헝클어진 세월은 어스름을 풀어
낙엽을 하관下棺 중이며
억새를 훑고 가는 무수한 초조함
빈 벌판을 밟고 가는
적막에 살아나고

녹슨 기찻길은
긴 그리움을 쓸고 가는
열린 바람 소리에 밟히며
깊은 밤에 전세 든 묵은 상처
어둠이 섭정하는 겨울 꽃을 피우니

잎 지운 나무가
맨살로 흔드는 붉은 고지는
만추의 아우성을 읽고 있다

만추 1

10월 저녁
어스름 고요 속에
낮아질 대로 낮아진 강물
저물며 야위어 갈 때
갈색 나뭇잎들
제 무게로 허공을 버린다

스산한 바람은
헐거워진 숲속을 나와
출렁거리던 푸른색 추억을 찾아
솔숲을 기웃거리고

찬란한 주검을 내려놓고
흔들리는 저 은행나무
다시 일어나
하늘 비상할 꿈 부푸는지
땅으로만 깊어진다

집으로 가는 길은 더욱 적막하고
주름진 햇살에 바래진 낙엽
나 아닌 것 없고
억새꽃 울음 우는 언덕 너머
지는 꽃도
우리 아닌 것 없다

만추 2

내 마음속에
허공 하나 키워서
가을을 밟고 가는 바람 소리에
슬픔을 조금씩 나누어 주고

달빛 읽는 구름이
출렁이던 푸른색 그리움을 찾아
빈 들판을 훑고 가면

적막한 정원에
모든 어스름들 불러
사랑이 그립지 않은 시간을 지우니

길 위의 길은 흩어져
낙엽 흐르는 공중의
깊어 가는 침묵을 실어나른다

만추 3

– 저녁 9시쯤의 도시

가로등 불빛이 길의 문장을 읽으면 어둠은 익숙해지고 빌딩은 제 키를 낮추어 바람에 길을 열어준다 사람들은 성벽을 해체하며 불 밝힌 집을 하나둘 검은 희망을 달고 낮의 질서를 서서히 지우며 별빛에 휘어지니 차는 초서草書를 쓰며 휘청거린다 불임의 허공에 전세 든 간판들은 일제히 일어서서 창문마다 거미줄을 치며 난해한 미소를 흘리고 붉은 가면을 쓴 그림자는 어지러운 반주와 저속한 기시에 젖어 도시를 돌린다 야윈 달은 하늘 빈 밭에 가난하게 걸려 유리 같은 공중을 아슬하게 걸어가며 마른 잎들은 영혼 없는 길에서 열린 바람 소리에 몸을 지운다 오랫동안 곰팡이가 피어 어둡고 축축한 도시의 밤을 혼란하게 쌓인 침묵이 통제하고 있다 이런 때를 경계해야 한다

가을이 가네

가을 햇살이
석류 속을 열어놓고
깔깔거립니다

석류도 이빨을 드러내고
깔깔거립니다

둘이서 하루 종일
깔깔거리다
햇살은 돌아앉고
석류는 입을 다물고

은행잎 하나가
가을을 걷어갑니다
하늘이 텅 비어 버립니다

계절의 반란

넋 없이 쏟아지는 눈
흰 꽃 분분粉粉히 피워
허공을 휘저으며
하늘 땅 경계를 지운다

겨울 끝 젖는 봄
어두운 실 일어서서
구겨진 계절의 나뭇가지는
맨몸으로
식은 사랑만 쌓다가

눈송이들 멀어져
바람이듯
구름이듯
내딛는 발자국마다
검푸르게 얼어붙은 꽃잎 깨워
겨울 무늬 서서히 걷어 내면
나는 네게로 더욱 깊어진다

동해안 가을 풍경

동해안 국도를 강물처럼 유유히 흘러
시월의 풍경 속으로 들어가면
가녀린 코스모스 춤추며 안겨오고
쪽빛 바다에 길게 누운 수평선
졸음에 겨워 실눈을 뜨고 있다
촌로의 느릿느릿한 자전거 바퀴살에
가을 햇살 잘게 부서지고
바람에 쓸리는 황금빛 들녘은 만삭의 여인이다
핏빛 뚝뚝 떨구며 자지러지는 단풍에 취한 산
가을이 깊어 가니
소복 여인의 마지막 춤판
농부의 억센 힘줄이 풍요를 거두며
여름날 논둑에서 근육 다듬던 허수아비 몸 풀고
한 해의 결실로 가을 풍경 그린다
노을 드는 고즈넉한 산자락 마을
저녁 짓는 연기 한가로웁고
수많은 호롱불 밝힌 감나무
나뭇잎 한 잎 한 잎 지우는 소리에
벌판 저 멀리서 불빛 하나 다가와
가슴 따듯이 안긴다

겨울 하늘

저 팽팽한 긴장감
시위를 놓으면
금방이라도
가슴을 뚫을 것 같다

철새 한 무리
공중에 선을 그어도
흔들림이 없고
허공은 정지되어 고요하다

내 푸른 날도
저렇게 팽팽했었나

시간마저 지워진 터널 속에서
선부른 욕망도 생이라고
헐렁한 그림자 칼날만 세웠다

고양이가
제 꼬리 한번 물어본 적 없듯이
나는 허기진 불씨로
그대 품속에 들어 보려고
세월만 좇아다녔다

4부

겨울밤을 읽다

까마귀의 날갯짓이 화려해지면 겨울밤의 침묵은 겹겹이 쌓인다 슬레이트 지붕은 추억을 안고 그리움의 모서리들을 끌어당기며 가파른 삶의 계단을 해체 중이다 달이 수직으로 서면 차디찬 별빛의 아우성은 더욱 요란해진다 빌딩에 전세 든 간판은 한껏 교태를 부리는 가지각색 상표를 펄럭거리며 사람들이 아스팔트에 쓰고 간 상형문자를 해독 중이다 대책 없이 흘러가는 구름은 검게 타들어간 영혼 없는 허공을 흔든다 목련나무 허리를 잠시 어루만지고 간다 노숙자는 영하 5℃를 베고 누워 자기 그림자를 지우며 신문지 한 장으로 추위를 덜어 낸다 어둠을 쉼표 없이 껴안고 있는 잎 저문 나무들은 밤의 노예가 되어 부러진 가지 끝의 시간을 붙잡고 찬바람에 손을 꺾으며 우두커니 서 있다. 해쓱한 달은 낮은 쪽으로 서서히 끌려가고 취객들은 모두 벌거벗은 채 황량한 들판을 비틀거리며 걸어간다 바람은 침묵하는 잠을 깨우고 나뭇가지가 불던 휘파람은 하늘에서 잘게 부서진다 뒤척이는 시간마다 독이 묻어 있고 머리에서도 뿔 같은 독버섯이 자란다 몸은 블랙홀 속으로 빠져들어 공터처럼 비어가고 잠은 또 흐늒거리며 야위어 간다 수많은 언어들이 썰물처럼 무너지며 겨울꽃이 사막을 뒤덮어 검은 잎들이 조금씩 자라난다 찌그러진 몸에 공처럼 바람을 넣어 하늘을 훨훨 날기를 원하며,

흔들리는 바람

비 그친 봄날 저녁
열려 있는 것들의 속삭임이 다 들릴 듯한
어스름 고요 속에
색깔 없는 허공이 내 영혼을 흔들고 가면
거미줄 위에 수척하게 걸린 바람이
푸른 갈대숲을 흔드니
슬프도록 아름다운 노래가 되어 침묵을 깨운다

별은 하얀 빗물이 흩어져 사라지는
푸른 들판 멀리 등 굽은 초가에
낡은 신발을 끌며 떠오르는 가난한 빛을 심어 놓고
시간을 항상 발밑에 묻고 있는 세월은
그 어디에도 쉬어갈 수 없다는 것을
알려 주러 왔다

불타는 녹음과 단풍의 시간을 지나
짧은 생의 사랑이란 운명이란 손목이 시린 서러움이란
이 세상 잠깐 와서 맴돌다 스쳐 지나가는 것이지만
마음 깊을수록 눈물겹고 쓸쓸한 것이다

노을은 붉게 물드는데
솔기 없는 육신을 이 세상 너머
어느 곳으로 싣고 가야 할지 서성거려진다

그림자 1

도시 근교 공원에
길 잊고 사는 그림자
무릎 해진 삶을 펼치며
벤치에 허허로운 시간을 풀어놓고
서쪽 하늘을 힐끔거리면서
흐릿한 햇살을 바짝 당기고 있다
장기판을 꽝꽝 치며
등 푸른 젊은 날처럼
칼날을 세우기도 하고
노을 드는 생이 아쉬워
흘러간 날을 관조觀照하며
무성영화를 보기도 한다
산비둘기 날갯짓 하얀데
고개 숙인 그림자 일 년 내내
공원의 주인인 듯 벤치에 붙박여
지문이 닳도록 추억을 긁는다

잿빛 시간 밋밋하게 흐르는 그 공원에는
내일의 그림자도
판화에 박힌 한 폭의 실루엣으로
흐린 오후를 질기게 물어뜯고 있다

그림자 2

앵두꽃 붉게 피는 집
보조개 가득 띈 두레박으로
시린 물 퍼 올려
채소 다듬는 우물가
조잘거림 찰랑찰랑 넘치고
밤새 내리는 별빛
사르르 사르르 구르는 소리
마당 가늑하면
머언 머언 그 집 때론
아버지의 꿈이나 어머니의 잔잔한 웃음도
벽 속을 떠다니고
채송화 같은 누이의
나팔꽃 미소가 햇살처럼 퍼지며
한낮을 졸고 선 토담이 일어서서
호박을 둥글게 키우던
머언 머언 집 이제
서까래 기울고 부엌문 삐꺽거리며
바람만 올고 가는 집에

늙은 아이 하나 들어가
굴렁쇠를 굴린다

오월

오월은 가지마다 초록을 심는다

남풍이 산과 들을 점령하여
숲으로 돌아온 오월
푸른 잎의 무법천지

계절은 무너지며
모든 빛은 잎 속으로 빨려들어

지평을 장악한 푸름은 물러설 곳 없어
가지는 취기로 일렁이니
내밀한 수근거림 깊어져
파도 소리로 일어선다

푸른 오월의 꿈
나는 한 그루 나무가 되어
성성한 별을 껴안으며
아직도 남아도는 붉은 피와 함께
음악처럼 흐르는 꿈을 꾸기도 하고
풀꽃들이 지천으로 피어난 정원을 거닐 때도 있다

해 질 녘 미루나무 아래서
바라보는 노을은 멀리 멀리 번져
미루나무 끝에 와닿는 그림자마다
연산홍처럼 붉어지고
지난겨울 낙마한 달이 연둣빛 덩어리로 다시 솟아난다

밤의 끝에서

별빛이 날개를 서서히 접는 밤
흙탕물처럼 휘어지는 피곤을 안고
진드기 같은 사랑을 만나려
바람에 몸을 팔고 있는
불꽃 포장센터에 간다

루이 암스트롱이 연주하는 트럼펫 소리가 허공의 목을
비트는 곳

술잔에 영혼까지 팔아
몇몇은 죽어서 홀 안을 떠돌며
날마다 헤매는 검은 숲에서
가난밖에 걸칠 것 없는 사람들
뼛가루처럼 흩날리지만

취기의 온기 한 점
깊은 골짜기보다 더 아늑하여
슬픔의 진창 털어내고
순간의 위안을 받는다

초서草書의 골목을 걸어
집으로 가는 길

늙은 유기견 한 마리가 허공을 향해 짖고 있다
죽은 기억들을 밀어내며

11월 30일

늦은 가을이
가슴에 몇 개의 슬픔을 던져
적막을 묻어 놓고 떠난다

바람의 발자국에 지는 낙엽 소리는
한 계절의 추억을 불러
허공에 길을 내어 주고

너무 눈이 부셔
눈이 벼린 하늘은
서서히 야위어 가슴을 앓는다

바다는
지난여름 익사한 낮달을 등에 지고
해안을 건너오며

발 묶인 배들이
끄덕끄덕 조는 오후

기린의 목처럼
긴 그리움도
노을 따라 슬픈 울음을 울고 있다

12월의 산사

초록이 휘청거리던 유월의 산사
잎 다 저물어 기억의 부스러기들만 산을 안고
범종梵鐘은 제 육신을 쳐서 허공에 소리를 포갠다

속세의 불길에 쌓였던 노승의 고뇌는
선정禪定에 들어 영특한 빛으로 살아나지만

금정산 봉우리에 걸린 구름은 앙가슴 풀어
가출家出한 하늘에 자리를 비켜주고
앙상한 바람은 그리움의 모서리를 깎고 있다

선잠 깬 장끼 빈숲을 흔들고 간 후
멧새 서너 마리 토담 위에서 공염불을 읽고
동승童僧은 요사채 마루에서 바람벽이 되어
모래집을 짓느라 몇 개의 외로움을 안고 졸며

지워온 세월에 쌓인 수많은 번뇌를
스님의 설법에 귀를 열어 꽃 한 송이를 피운 여인
무릎만 남은 삶의 계단 끝마디를 잡고
과거의 지문을 지운다

댓돌 위 하얀 고무신
속세의 업보業報를 씻어 더욱 해맑고

일주문 밖
한 세월의 허욕을 풀어 망상妄想의 끈을 잘라 낸
고승의 푸른 숨결이 잠든 부도浮圖는
넉넉한 미소로 불자들을 맞고 있다

텅 빈 겨울 하늘에 부처님의 잔잔한 미소가 흐른다

겨울 강변에 서면 1

누가 얼어붙은 강물의 울음을 보았는가
반짝이는 시간의 모래알을 보았는가
갈대가 숨어 우는 강변이 서걱거릴수록
깊어가는 푸른 별빛을 보았는가
허허로운 들판
켜켜이 쌓인 세월의 그늘에서
빠져나온 돌덩이같이,
돌아볼수록 무거웠던 삶의 흔적과
영혼의 무게들이
회귀할 수 없는 생의 여정에
발자국을 남겼어도
활짝 핀 풀꽃의 맑은 향기로
말끔히 지우고 싶다
흐르는 물결이 야위어 가는
겨울 강변에 서면 동쪽 하늘도
물안개처럼 희미해진다

겨울 강변에 서면 2

강물의 울음이 들린다

서걱서걱
우는
갈대의 울음이 들린다

얼어서
깨어진 시린 파편들
유리알보다 투명하게
반짝이며
운다

검은 도시

– 암 센터에서

1.

축축한 오후 구겨진 신문들이 물음표를 찍고 있다 이곳은 항상 안개가 점령하고 희망은 저녁을 걷고 있으며, 내일은 각본 없는 드라마의 한편이다 하루의 대부분은 관절 앓는 무릎이거나 마른기침이다 검은 잎은 서로를 위로하지만 흐린 구름이 하늘을 지배하며 서쪽나라를 펼친다 어둠에 가려 더 이상 푸른 발자국을 따라가지 못하고 고독과 정적만이 살아 숨 쉬는 사막이며 뱃고동만 받아먹으며 망망한 대해를 헤쳐 온 조각배다 투명한 각오도 욕망의 실현을 무시한다 악몽조차 젖지 못하고 불안과 초조는 검은 도시를 완벽하게 점령한다 허공에 발 딛고 선 낮달이 중얼거린다 어둠이 내려 별빛을 흔들지 못하고 풀잎들 가슴 앓는 빈 들판과 등 뒤로 적막만 던져 놓은 얼룩진 황혼을 가랑잎으로 떠돌다 깨어지는 유리병이 될 것이라고, 오늘이 습관처럼 찾아오는 하루하루는 거칠어지고 은비늘 사랑도 푸른 정원을 깨우지 못한다

2.

시간을 주섬주섬 풀어놓던 한때는 그늘도 환하였다 회색지대의 비닐 봉투로 흩날리다가 붉은 간판이 유혹의 혓바닥을 날름거리는 대로를 어깨 높이 세우고 붉은 바람 소리를 따라 걸은 적도 있다 누가 땅은 비바람에 더욱 단단해진다고 주어 없는 말을 거미줄에 던져 놓았을까

3.

언제나 새싹 같은 가슴으로 굽은 등을 안아주며 삶의 계단을 높이던 그대여 이제 가난한 웃음마저 지우려 하는가 지상에서 가장 쓸쓸히 젖어 있는 이곳 내일을 받침대 없이 받아들이며 유월의 문장마저 지우려 하는가 영혼은 낡은 육체의 한 생애를 벗고 외로운 별이 되어 정거장 없는 우주를 떠도는 집시가 될 것이다 우리는 저승의 입장권을 가지고 하루하루를 살아간다

벚꽃

삼월의 여왕
풀어헤친 젖가슴은
유혹의 손길

하늘을 꽉 채운 꽃잔엔
익은 취기의 바람이 일렁이고

상큼한 봄밤
환한 길 열어
그리움을 쓰는 시인이네

꽃잎의 은은한 향기는
길고긴 울음 끝의 기다림

오늘도 등불 켜고
그대 집 뜰에 하얀 미소로 지네

순간의 행복

복권 한 장 주머니에 넣고
긴 터널 속을 빠져나온다

삼 억을 가위로 북북 잘라
팔월 땡볕에 천수답 하늘 쳐다보는
말라비틀어진 벼 포기처럼
생이 꼬인
친구에게 일 억을 주고
병문안 간 처녀를 언니라 부르는
치매 노인에게 일 억을 나누어 주고
나머지 일 억은
바람이 푸른 언덕 위 아파트를 구입하여
아내에게 안겨 준다
내 사랑 고슴도치들이 저녁 창가에 모여
별빛 찬란한 남쪽나라를 노래한다

당첨률 일 프로에 저당 잡혔던 꿈은
장대비에 사라지고
사금파리 같은 하루를 다시 시작한다
등 휜 가장家長의 행복한 낙서는
삼 억에 빗금을 치면서
잿빛 하늘이 가슴에 내려앉는다

5부

해운대 동백 횟집

해운대 동백 횟집
하늘을 닦는 여자가 있다
마알갛게 닦아 바다가 열리면
쪽빛 창가에 걸어놓고
파도 소리 바람 소리 잠재워
무수한 겹주름을
천천히, 천천히 아침 햇살에 씻어 말리는

해운대 동백 횟집
하늘을 닦는 여자가 있다
마알갛게 닦아 바다가 열리면
안개 잦은 뱃길 위에 걸어놓고
서투른 물길을 환히 밝히는
벤자민 향기 같은 여자

머릿결 곱게 묶고
등 푸른 생선을 요리할 땐
휘파람 소리
그릇마다 퐁퐁 뛰어다니면
도·레·미·파·솔·라·시·도를 흥얼거리는

꽃이 지네

님아!
햇볕 쨍쨍한 날 꽃눈 내릴 때
이승의 번뇌를 조용히 내려놓고
바람으로 가버린 님아

봄날 허공 건너간 나비처럼
노을 진 하늘 길 따라
사랑하던 사람들 울음 가득 싣고
홀로 갔느냐

님아!
골골이 다니면서 쌓은 발길
어찌 다 지우려 하느냐

다시 일어나
남한강 돌밭에서
일생 일석을 염원하던
그때로 돌아가

흘러가는 강물에
산이 되고 호수가 되어
탐석探石 갔던 풍성한 사연들 밤새도록 나눠 보자

오늘따라 산사의 종소리는
너의 영혼을 흔들어 깨우고
만산의 진달래는 피를 토하는구나

또 한 해를 보내며

까닭 모를 슬픔
고여 든 눈물은
그저 소리 없이 흘러내리고
가슴속 메어지는 지친 그리움의
인연도 저물며
가슴을 저며 옵니다

뜻 모를 얘기들도
아픈 추억 속에 묻혀 있고
아련하게
떠오르는 모습은
텅 비어 있는 12월을
눈물로 채워 줍니다

오고 가는 발자국 속
고여 든 기쁨 같은 느낌도
마음 아픈 만큼 슬퍼질 때가 있듯
우리네 사랑도
그리움과 기쁨에 찬 만남에도
가련함이 있습니다

수다스러울 만큼
떠들어 대는 이의
깊은 골짝에도
까닭 모를 어둠이 내려
남모르게 눈물지으며
먼 먼 그 뒤안길을 바라봅니다

네모난 도시의 일상

한낮의 도시는 서서히 익어가며
썰물 빠져나간 회색빛 숲은
시장기 같은 외로움을 안고 서 있다

죄의 냄새가 풍기는
버려진 거리 끝에서
푸른 세월을 끌어안으며
일어서는 사람들
겨울나무도 갸륵한 눈길로 내려다보고 있으나

곱추등 할아버지가
관절 닳은 리어카에
푸른 태양을 가득 싣고 가는데
아슬아슬하고 위태롭다
눈물은 차가운 울음으로 살아나며
마음은 조금씩 어두워지기 시작한다

조등을 단 몇몇 점포들은
목 졸린 추억에 신음하며
깊은 고뇌에 빠져
밀레의 만종을 꿈꾸기도 하지만

아직도
네모난 도시의 한가운데서도 미친 의식들이 날뛰며
덧난 바람의 발자국은
나뭇잎 한 잎 한 잎 디뎌 주고
까마귀 떼들은
거대한 무덤을 쪼고 있다

지울 수 없는 풍경

지린 냄새가 역한
뒷골목 게시판에
버려지기 위해 붙여진 광고물이
허기진 몸을 휘청거리고 있다

매도, 전세, 월세……
몸값이 흐린 물 같아
부동산 중개소도 못 가는 매물들
서로 어깨를 부비며
찬란한 별처럼 빛나는 서러움이
압핀에 꽂혀 피를 흘리고 있다

한 묶음의 슬픔을 안고 있는 언덕 위의 집
적막이 녹아들며 햇빛 익는 소리를 지우고
푸른 기억이 해체되어
주름진 지붕이 허공의 불침번을 서는 곳

가파른 언덕을 올라
더 갈 수 없는
시간이 잠겨 버린 삶
가난만으로 한 생애가 되어
푸른 하늘을 지우고 있다

장미

유혹의 화신
립스틱 짙게 바르고
가냘픈 몸매로
바람과 블루스를 추는구나

화사한 오월 담장에 기대어
선홍빛 웃음을 물고
하루 종일 누구를 기다리는가

은은한 향기는
봄바람이 안아준 너의 영혼

붉은 옷자락 펼치며
다시 허공 길 걸어서
별빛으로 피어날 한 송이 꽃

오월의 신부여
너의 품속에서
영원히 잠들고 싶구나

이 시대의 남과 여

해 질 무렵
길고 긴 울음 끝에
공복의 술 몇 잔
불현듯 낄낄거리며 떠오르는 사랑
추억의 아수라장

흐르는 별 아래
서로 무덤을 베고 누워
내일이면 후줄근해질 과거를
열심히 빨아 널고 있다

사랑은 언제나
벼락처럼 왔다가
번개처럼 끊어지고
갑작스런 허기로
찾아오는 이별

여자의 눈물 한 방울
대서양의 망망대해로 삼켜지고

외로움의 눈물 흘리며
잊으려고 잊으려고 남자들은
그리움을 지우고 돌아선다

사막의 검은 별

하얀 이빨이
푸른 미소처럼 빛나는
슬픈 그림자들
사막의 먼지로 흩날리며
바람길 따라 흘러 다니는 유랑인

목 졸린 추억이 찬란할 때
종족을 원망하며
버려진 거리에서
흘러가는 구름 한 점 안고
정적밖에 걸칠 것 없는 생生으로 떠돈다

한낮의 태양이 죽음의 메시지를 보내지만
밤이면 톱밥 같은 별빛이 무수히 달려와
빈 바람 소리와 음악을 연주하면
환락의 혼수상태에 빠지기도 하는

묘비처럼 외로움에 젖어 들면
폐쇄 당한 세월을 벗어던지며
꽃의 웃음을 피워

치통 같은 운명을 걷어내는 힘을 가진
저 순박한 사슴의 눈망울들

천국의 환생을 움켜쥐고
오늘도 미소를 구워
극락장을 건너간다

날 저문 전철에서

허기진 빌딩
차오르는 어둠을 끌어안고
텅 빈 허공은 달빛이 채우는데

가난밖에 걸칠 것 없는
임금 밑바닥을 받는 노동자가
술병 속에 흔들린다

지구의 반 바퀴를 돌아와
낮과 밤의 능선을 넘는 이들
시든 불꽃처럼 포개져
불멸의 욕망은
사막에 집 한 채 짓는 것

매일 행복 속에 잠긴
아이들의 반쪽 얼굴을 그리며
천 길의 절벽 끝에서도
웃음의 파도로 일어선다

네온 아래서
흔들거리는 황혼
허상을 잡고 실상을 보았다고 큰 소리 치며
빛 속으로 들어가는 길을 지워 버리고
곰팡이 속을 걷는다 날도 저무는데

요양병원

성당의 종소리를 타고 흐르는
연분홍 복사 꽃잎
꽃무늬 고무신에 번지고
수줍게 웃던 어머니는 햇살 속에서
한없이 부풀어 올랐지만

하얀 웃음을 잃은 천사로
황혼을 겹겹이 겹쳐 입고
홑이불 같은 얇은 숨을 쉬며
싸늘해진 어둠 속을 걸어가는 뒷모습이 보인다

둥근 밥상을 두고 잘게 부서지던 웃음 지우고
상여를 뒤따르는 구음 소리도 낸다

바람이 흐린 갈기를 세우는 밤과
형광등 얇은 잠을 뒤척이는 밤이 지나면

보라색으로 저물어 가는 하늘이
우울하게 손을 흔들고
하나의 희망은 천상의 문을 여는 것

한평생 걸었던 길이 마침표에 가까워지자
가지만 남은 나무들의 잔기침 위로
시린 백일홍 그림자가 낯을 태우고 있다

담양에서

하얀 진달래 노을을 심고 싶어
한낮 햇살을 복사하는 봄날
보리밭 실크 자락을 따라
댓잎이 살을 불리며 푸른 울음을 울고
야생화 게으른 오후를 물고 있는 언덕을 오른다

고독을 흔드는 매화에
빛나는 바람과 익은 구름 한 점 안겨 주고
한때의 푸르른 피를 잘 씻어 낸
억새꽃 은발들의 잔광을 비워 내며
부서 내리는 빛 속의 삼월을 깨운다

빛과 그림자가 한 몸인 허공에
녹색 별빛 하나 달지 못했던 우듬지
시퍼런 추억이 되살아나
숲의 어둠이 자꾸 눈에 밟히고
길은 취하여 흔들리니
바람난 낮달도 휘청거린다

하늘 길 걸어 본가本家를 찾아간 봉분 하나
한성부 판윤漢城府 判尹 김○○
살을 지우고 벌겋게 벗고 있다
잡초처럼 돋아난 권력의 무상함

무덤에서 소쇄원을 향하여
소쇄 소쇄 하며 흐느끼고 있다

| 평론 |

아방가르드 길목에서의 변증법

박미정 | 시인·평론가

1

헤겔이 상상적인 문학이라고 불렀던 시는 가장 내부적인 예술이다. 헤겔은 시의 외적인 체현은 비교적 우연적인 것이며 시는 완전히 상상 속에 존재하므로, 한 언어로부터 다른 언어로 완벽하게 번역될 수 있다고 주장했다. "시는 스스로 자유롭게 되어 자신의 실현을 위해 외적인 감각적 질료에서 벗어난 정신의 보편적 예술이다. 그 대신 시는 내적 공간과 관념과 정감의 내적 시간 속에서만 시작된다."라고 말한 헤겔은 시의 의미는 모호하고 암묵적이며, 은유적 또는 암시적이라고 하는 다분히 철학적이고 미학적인 주장을 하는 한편, 헤겔은 시의 의미가 명시적이라고 주장한다. 이 명시적 의미를 우리는 변증법적인 방식으로 파악함으로써 서정시는 단순한 유아론적 명상이나 칩거가 아니라, 시인의 독자적인 자유와 무한히 다양한 주제 사이의 갈등의 장이라고 분석한다.

목창수 시인의 시는 그 세계가 자신을 의식하게 되는 방식을 취하고 있다. 그러한 방식에 의해 전개되는 시는 자기 자신을 깨닫고 의식하는 정신 활동의 것으로서 더 높은 차원의 것으로 보다 광범위하게 인간적 시각을 드러낸다. 그것은 자연으로부터의 추상을 넘어서 존재의 상태를 확인하는 내면의 소리를 울려 퍼지게 한다. 이러한 미적 의식은 주관성으로부터, 개인적 정감으로부터, 그리고 내적인 개인적 경향의 지배로부터 자유로워짐을 성취하고자 하는 데 있다. 또한 시인이 지각하는 언어의 독창성으로 어떤 면에서 획기적인 시도를 하려는 데 미적 가치를 추구하려고도 한다.

2

다음의 시 「오후 세 시쯤」은 서사적 기법을 사용하였으나 개인적 차원의 문제를 다루고 있다는 점에서 '서술시'로서 설득력을 얻는다.

고향집 마루에 앉아
이제 가슴에 비울 것 다 비우고
저 멀리 바다 끝에다
지그시 눈을 준다

제 근심으로 갯벌은 저만큼 물러나고
자줏빛으로 말라가는 갈대꽃들

역광을 받아 슬픔을 안고 있으며
시린 바람은
허공에서 악보 없이 연주를 한다

맨몸으로 돌아간 나무들
아직 봄은 일러 눈꺼풀 닫은 채
묵언 중이며
오후 세 시쯤 햇빛은
파도 위에서 노을처럼 굴러다닌다

—「오후 세 시쯤」 전문

목창수 시인에게 있어 '오후 세 시쯤'의 시간은 세상의 만물이 모두 이상의 세계를 희원하는 시간이다. 특히 '고향집 마루'를 모티브로 설정한 점은 내러티브 요소로만 사용하고 있을 뿐, 시 전체는 언어의 형식을 기초하여 서정과 서사를 결합시켰다고 보아진다. "제 근심으로 갯벌은 저만큼 물러나고"의 지각적 이미지는 장면을 대상화하는 방식이 뛰어나 시인의 시적 성취를 돕고 있다. 또한 "시린 바람은/ 허공에서 악보 없이 연주를 한다"고 하여 인과적 연쇄를 보여주는 것은 '세 시쯤'의 시간과 암유적 관계를 만들어내는 독특한 긴장이며 시각이다. 이러한 전개과정은 "맨몸으로 돌아간 나무들/ 아직 봄은 일러 눈꺼풀 닫은 채/ 묵언 중이며"라고 하여 자족적 삶을 주목하게 하고 현재의 시인의 모습을 오버랩하는 기술로서 주목하게 한다. 이 시에서 시인의 시어와 정조는 정신적 뿌리가 있는 '고향'에서 출발한 것 자체가 존재의 근원을 먼저 탐구하려는 데 있으며 첫 시집의 출발로서 접근하는 데 좋은 선례를 보여 주고 있다.

「인동초」에는 "휘파람 불던 날"이라고 하여 1연에서 동경을 불러일으켰으나 2연에서 "사악한 밤이 지난 후"의 단절감이 빚어내는 장면은 '여자'의 슬픔을 자각하여 원형 탐색 기능 등에 관심이 모아지고 있다. 현실에 대한 수용태도 등은 개성적인 세계와 응전방식을 취한 것이라고 여겨진다.

휘파람 불던 날
세월의 지면마다
함부로 찍은 쉼표 하나가
푸른 숨을 쉬고 있었다

사악한 밤이 지나간 후
별빛 꺾어지는 무덤 속에 누워
앞모습을 지워 버린
여자 아닌 여자로서

세찬 비바람에 길을 잃고
벼랑 끝에 허물어지는 풀잎으로
끝없는 웅덩이 속으로 빠져들었다

오래도록
폐쇄된 사각지대를 벗어나지 못하고
겨울의 차고 미끄러운 햇살을 안고
깊은 계곡을 헤매며

만장 같은 눈발만 날리고

채워도 언제나 그림자뿐인 식은 사랑에
한 채의 가을바람을 끌어들여
낙엽 든 일기를 지우며
숱한 추억을 폐기하였다

미소로 일어설 수 있었던 것은
너를 가두었던 허공을 지웠기 때문

멍든 바람이 봄을 향하여 흐느끼기 시작하면
너는 인동초처럼 겨울을 타고 넘을 것이다

—「인동초」 전문

이처럼 '인동초'의 양식은 한 여자를 향해 추적하는 구조로서 3연에서 더욱 세밀하게 확대되고 있다. "벼랑 끝에 허물어지는 풀잎"의 대상이 '여자'로서 암울하고 절망적인 상황이다. 하지만 나름대로 응전하여 4연에서 "겨울의 차고 미끄러운 햇살을 안고"라는 선택의 길을 열고 있다. 5연에서 "한 채의 가을바람을 끌어들여"의 계절적 의미는 지난겨울을 견뎌 왔음을 의미하고 6연에서 회복하고자 하는 현실을 만남으로써 "미소로 일어설 수 있었던 것은/ 너를 가두었던 허공을 지웠기 때문"이라고 한다. '여자'를 깊이 있게 통찰하고 관찰하는 '여자'의 생명을 복원하고자 하는 염원이 깃들어 있다. 결구에서 "너는 인동초처럼 타고 넘을 것이"라는 담담한 목소리로 형상화하여 감정에 휘말리지 않고 더 큰 울림을 이루어 내는 시적 성취의 바탕을 이루고 있다.

"거울 속의 여인/ 차라리 피지나 말지/ 꽃 피어 더욱 서러운 여자/ 눈으로 웃고/ 마음으로 울고 있구나/ 세월의 모퉁이에서 시린 발목을 잡으며// 이젠 너를/ 너 없는 어둠 속에/ 가두어 둘 순 없어/ 잘게 부서지는 파도 소리로/ 둥근 밥상가에서 웃으며/ 봄을 밝히는 저 순결한 목련처럼/ 풋내 싱그러운 라일락 향기처럼/ 일어나라// 맑은 영혼의 솔기로/ 긴 터널을 지우고/ 그 옛날 푸르름을 불러보자 (「푸른 언덕의 메아리」 전문)에서 "그 옛날 푸르름을 불러보자"는 지문을 제시하고 있다. 이것은 감상성의 노출이 아니라 화사한 언어들을 군더더기 없이 사용함으로써 성위를 이룩한 것으로 볼 수 있다.

다음은 시인의 작품 중에서 유년의 화해와 평화로운 광경을 상정하고 있는 서정시이다. 개인사와 관련지어 태어난 것은 아니나, 적절한 향수를 떠올리게 하고 있다. 특유의 열거법을 사용하여 그리움을 투명하게 그려 내고 있다.

맨발의 별빛이
거친 아름다움을
마당 가득 풀어놓은 곳
천국으로 이어지는 아슬한 길은
풀꽃천지

하루를 밀어내는 물레방아는
세월을 묻으며 힘차게 돌아가며

유랑 악단 같은
돛 없는 구름도 빈 배를 저어
남으로 남으로 간다

실오라기 하나 걸치지 않은 바다는
여명을 밀어낸 아침이 열리면
금빛 쟁반보다 더
찬란하게 일어서서
점점의 섬을 깨우며

발 묶인 바람이
일상을 잊어버린 파도와
게으른 휴식을 즐기고

추녀 끝 하늘에 맞닿은 집은
밤마다 달이 찾아와 추억을 쌓으며
아이들은 저보다 더 푸른 풍경을
낚아 올리고 있다

—「바다와 맞닿은 집」 전문

시는 감각적인 구사로서 자기 표출을 억제하고 풍경을 세세하게 드러내고 있다. 맨발의 별빛이 거친 아름다움을 마당 가득 풀어놓은 곳에서 인식하게 되는 풍경은 희망이 가득한 공간이다. '물레방아' 소리가 힘차게 들리는 공간은 돛 없는 구름도 노를 젓는 이상적인 공간으로서 그늘진 현실을 불식시키고자 하는 공간을 보여 주는 최적의 공간이다. '발 묶인 바람'과 '일상을 잊어버린 파도'가 보이는 '바다와 맞닿은 집'은 1연부터 6연까지의 병렬이 유년의 세계나 동화 속에서나 볼 수 있는 정감을 그리고 있다. 마치 성스러운 풍경을 보는 착각을 일으키고 있다. "낮달의 발자국을 잠재워 둔 정원에/ 바람 소리, 물소리, 풀벌레 울음소리/ 햇볕에 유난히 빛나고/ 창공을 떠도는 비둘기의 웃음소리도/ 나뭇가지에 걸려 그네를 탄다 (「베란다 정원」 일부)에서 한낮의 정겨운 풍경이 '소리'로서 나열되어 있으나 시끄럽지 않고 되레 고요한 정취를 그리고 있다는 점이 특징적이다. 그리고 현재 시제를 사용하여 평화롭고 따듯하고 갈등과 대립이 없는 이상공간을 복원해 내고 있다. 풍경을 통해 만들어 낸 서사시 형태로서 치유의 시로서 괄목할 만하다고 하겠다.

3

눈발 속에 하얀빛이 가득해서
그림자 흐려지고
찬란한 고독만이 어둠을 휘감으며 허공을 흔든다

눈雪은 한낮의 아우성을 밀어내고
가지마다 걸린 겨울의 자국을

젖은 손으로 긁어서
말言을 삼킨 영혼의 발자국 위에 관棺을 얹는다

하얀 외로움은 창백한 들판을 쓰다듬으며
초가지붕은 깊은 침묵을 안고 점점 더 희미해지며

등 굽고 낡은 달은
저 고요를 위해 무게까지 내려놓고
자리를 비운 지 오래

세상의 모든 소리들은 문을 닫았지만
내리는 눈雪은 문을 열어
가난한 이웃의 허기를 채우려고
시간을 허물며 쌓고 또 쌓는다

—「쌓이는 침묵」 전문

시인은 이 시에서 "눈발 속에 하얀빛이 가득해서"라는 암묵적인 지각을 창출해 냄으로써 '쌓이는 침묵'의 유의미성을 밝히려 한다. "그림자 흐려지고/ 찬란한 고독만이 어둠을 휘감으며 허공을 흔"드는 사실의 문제를 다시 눈雪을 통해 밀어내는 작업에서 '젖은 손'과 유기적 관계를 만들어 내어 "말言을 삼킨 영혼의 발자국 위에 관棺을 얹는" 진정성을 구성하는 의식을 보이고 있다. 이럴 때 의식은 시적 변증법이 된다. '하얀 외로움'에 대한 자각에서 펼쳐지는 '침묵'은 "시간을 허물며 쌓고 또 쌓는" 누적 속에서 가난한 이웃의 허기를 채우는 생성이 변전하는 의식의 변화를 일으키고 있다. 의식의 변화야말로 변증법이라 할 수 있겠다.

상수리나무 곁에 터 잡은 등나무
덩굴로 우듬지를 잰다
땅속 힘 모아 단단해진 근육
밑동 감아 아귀 맞춰
바람에 몸 사리며 햇볕 깔고
질척거리는 길 다져가며 서서히 오른다
나무의 수액을 혀로 핥으며
경經으로만 해독할 수 있는 화두話頭처럼
세월이 쓴 초서草書로 가지를 엮는다
세상 굽어볼 수 있는 길은
한 오십 년 휘갈긴 초서를 가지마다 엮는 것
느슨한 활줄 다시 당긴다
당길수록 풍성하던 상수리나무 야위어 가니
그늘에 허리 펴던 동박새도 떠나고
밤낮없이 어둠으로 출렁이던 시간도 지워
밟고 올라선 자리 팔 벌려
서까래 여문 지붕에 활짝 핀 생을 얹는다
화두 깨우쳐 수만 송이 연보랏빛 등꽃 피워
오른 늪 속 내려다보며 환하게 웃으나
한창 등꽃이 눈부실 때에도
나비가 날아오지 않았다

—「적반하장賊反荷杖」 전문

「적반하장賊反荷杖」은 생명의 세계가 지닌 자연변증법적 의미를 가진다. 연관되지 않는 두 식물의 생명을 비교・대조하여 끊임없이 존재의 심연으로 향하려 하고 있다. 그러나 세월이 쓴 초서를 엮는 등나무와는 다르게 야위어 가는 상수리나무를 인식하는 과정에서 떠나는 '동박새'와 날아오지 않는 '나비'를 시적 변용으로 선택한 것은 시인의 반짝이는 감성이다. 비관적 의미보다 미적 가치를 창출해 낸 것이라 하겠다.

4

① 노을은 세월을 먹고/ 쌓여버린 살비듬 속에서/ 굳어버린 기억을 애써 솎아낸다// 공회전 하는 눈빛 속에는/ 흑백 필름이 끊어진 채/ 두려움도 없이 하얀 그림자를 안고/ 꺽-꺽 불을 삼키다가/ 잔뼈까지 먹어치운 시간을 타고 / 습지를 잃은 지렁이처럼/ 무거워진다

— 「쌓인 것들의 허상」 부분

② 찬란한 주검을 내려놓고/ 흔들리는 저 은행나무/ 다시 일어나/ 하늘 비상할 꿈 부푸는지/ 땅으로만 깊어진다// 집으로 가는 길은 더욱 적막하고/ 주름진 햇살에 바래신 낙엽/ 나 아닌 것 없고/ 억새꽃 울음 우는 언덕 너머/ 지는 꽃도/ 우리 아닌 것 없다

— 「만추 1」 부분

위의 첫 번째 인용 시에서 '솎아낸다' '무거워진다'는 서로간에 이질적이다. 또한 '꺽-꺽 불을 삼키다가'와 '잔뼈까지 먹어치운 시간'과 같이 비극적인 현실을 리얼한 필치로 열거하여 고달픈 삶의 길을 드러내고자 하는 것으로 이해된다. 자각의 영역에서 '허상'으로 변용시키는 의지는 상실보다 정신적 갈등을 상징적 수법으로 조화를 이루었다.

두 번째 인용 시에서 '주검'을 내려놓고 비상하는 '꿈'을 존재하고자 하면서도 땅으로만 깊어지는 우울 또한 자각의 영역이다. 하지만 여기에서는 '우리'를 추출해 냄으로써 인간에게 부여된 근원적인 것이 무엇인가를 생각하게 한다.

위의 두 시편에서 새로운 세계에 시선을 돌리고자 하는 시인의 행방에 관심이 쏠리지 않을 수 없다. 하나의 주제에 끈질기게 매달리는 시인의 시선과 언어의 감각으로 표출되는 목소리는 보다 차원 높은 정신적 세계를 마련하고 있다.

숲속 길
자벌레 한 마리
자로 잰 듯 밀며 간다
허리를 둥글게 말아 재는 폭
기껏 제 몸 길이인데
활시위를 팽팽히 당기듯 온 힘을 모아
몸을 말았다 높이며
숲속 한낮의 적막한 고요를
외로이 밀고 가는 폼
온 세상을 쥐었다 놓았다 하는 것 같다

저렇게 작은 생生 날갯짓을 꿈꾸며
제 길을 반듯하게 놓다니

내 언제 내 길을 다듬은 적 있었는지

물살에 흘러가는 나뭇잎처럼
흔들리며 흔들리며 강물을 지우고
바다에 젖어 들 때
마른 가슴 펄럭이며
날갯짓 다부지지 못한 지난날이 얼음꽃으로 피어난다

―「숲속 고요를 깨다」 전문

「숲속 고요를 깨다」는 3연으로 구성되어 1연은 '자벌레'의 실체를 관조의 형식으로 보이며 2연은 한 구절로 시상을 일으키고 있다. 3연은 인생론적인 깊이를 더하며 회한의 세계를 보여 줌으로써 자신을 되돌아보게 된다. 평이한 시로 보아지지만 평범 속에 비범이 비치는 심안心眼의 삶, 깨달음의 서정이 보여 주는 세계인 것이다. "별은 하얀 빗물이 흩어져 사라지는/ 푸른 들판 멀리 등 굽은 초가에/ 낡은 신발을 끌며 떠오르는 가난한 빛을 심어 놓고/ 시간을 항상 발밑에 묻고 있는 세월은/ 그 어디에도 쉬어갈 수 없다는 것을/ 알려주러 왔다"(「흔들리는 바람」 부분)에서 현대인의 보헤미안적 슬픔을 병치시키고 있다. 이처럼 세월과 현실의 불가분한 연결고리에 대한 의미를 노련한 수련도에 근거하여 일종의 더블 플롯의 수법으로 조명함으로써 언어적 완성의 숙련을 보여주고 있다. "회색빛 숲속에 신방을 차렸다/ 꽃씨 하나 품으려고 숨 가빴던 물길질/ 실눈 뜬 봄날 올린 꽃대/ 푸르죽죽 멍든/ 검은 불빛에 생이 뒤집힌/ 얼굴 밖의 얼굴로 절벽 앞에 서서/ 꿈속 젖무덤을 더듬는다"(「춘란」 부분)는 현실적인 공간을 비현실적인 공간으로 환치시켜 생의 본질이 애상적으로 들려지고 있다. 언어적 센스를 중시하고 묘사를 추구하여 산문적인 유혹이 있으나 꿈속 젖무덤과 묘하게 종합을 이루면서 시의 빛을 발휘했다고 보아진다.

5

목창수 시인의 시는 단단하다. 삶의 오래된 문제를 자의식의 세계와 연결시켜 형이상학의 묘미를 독자에게 제공하고 있다. 이것은 시인의 독특한 시선과 창조적 사유의 행위로 빚어내는 언어가 제대로 배열되었기 때문이다. 시인은 존재하는 언어를 제대로 배열시키는 시인의 몫을 제1시집을 통해 톡톡히 해낸 셈이다. 예술가는 지각 경험을 토대로 하는 관찰자가 아니라 철학자에 가깝다고 하였는데, 철학자이기보다 시인의 길에서 앞으로 더욱 영광스럽기를 바란다.

목창수 시집

인동초

초판1쇄 발행 2022년 7월 15일

지은이 목창수
펴낸이 이길안
펴낸곳 세종출판사

주소 부산광역시 중구 흑교로 71번길 12 (보수동2가)
전화 463－5898, 253－2213~5
팩스 248－4880
전자우편 sjpl5898@daum.net
출판등록 제02-01-96

ISBN 979-11-5979-519-0 03810

정가 10,000원